www.ingramcontent.com/pod-product-compliance
Lightning Source LLC
Chambersburg PA
CBHW042020110726
48006CB00004B/1163

واحة الحكايات للنشر والتوزيع
جمهورية مصر العربية
الإمارات العربية المتحدة
Wahat Alhekayat publishing
and distribution
UAE: 0097143336366
00971504599804
00971558236687
E: w.hekayat@gmail.com
موقع الكتب الورقية
www.wahatalhekayat.com
مكتبة إلكترونية ومنصة تعليمية
www.wahatalhekayat.academy
تسامح أميرة
تأليف: د. صفاء عزمي
رسوم: أنجيلا نوربتليان
الطبعة الثانية عام 2017
ISBN 9789778513554
رقم الإيداع بدار الكتب المصرية
15886

اسْمي أميرةٌ، وعِنْدي تاجُ أميرةٍ،
ولَكِنَّني لَسْتُ أميرةً حَقيقِيَّةً،
قالَتْ أُمّي: الأميرةُ الحَقيقِيَّةُ،
هِيَ مَنْ تَـمْلِكُ صِفات الأميرةِ،
وتَتَصَرَّفُ مِثْلَ الأميرة.

أنا وصَديقَتي أعَزُّ الأصْحاب، نَجُرُّ العَرَبَةَ،

نَتَسابقُ بِالدَّرّاجَةِ، نَتسلّى بِالزُّحْلوقَةِ،

وَعِنْدَما نَتْعَبُ، نَجلِسُ
تَحْتَ الشَّجَرَةِ قُرْبَ الباب.

نَتَشارَكُ في طَعامِ الغَداء،
وَعِنْدَما تَعْطَشُ صَديقَتي،
أُسْرِعُ وَأُحْضِرُ لَها الماء.

تُساعِدُني في التَّفكيرِ، وتَرْكيبِ الأشْياء،
وأُساعِدُها في التَّلحينِ، والعَزْفِ والغِناء.

معًا نَـجْري وراءَ الفَراشات،

نَجْمعُ أوْراقَ النَّباتات،

ونُصَوِّرُ البَطّات.

وَنَعـودُ إلى البَيْتِ، نَقُصُّ الصُّوَرَ، والأوْراقَ والأعْشاب، ثُمَّ نَلْصِقُها في كِتاب.

وَلَكِنْ في بَعْضِ الأَحْيانِ
أنا وَصَديقَتي لا نُحِبُّ
أنْ نَتَشـارَكَ في
التَّصويرِ والغَداءِ،
أو العَزْفِ والغِناءِ،

ولا نَتشاركَ في الجَرْيِ
والألْعاب، أو الرَّسْمِ
في الكِتاب،
فَنَتَخاصَمُ، ونَتَوَقَّفُ
عَنِ الكَلام.

ولَكِنَّني لا أنْساها،
وأراها في الأحْلام.

وفي الصَّباحِ

أَجْلِسُ

أُفَكِّرُ

وأَكْتُبُ الأَسْباب

ثُـمَّ أرسُمُ قَلبَـيْـنِ في كِتاب. وأذْهَبُ، وأدُقُّ، فَتَفْتَحُ لِيَ الباب.

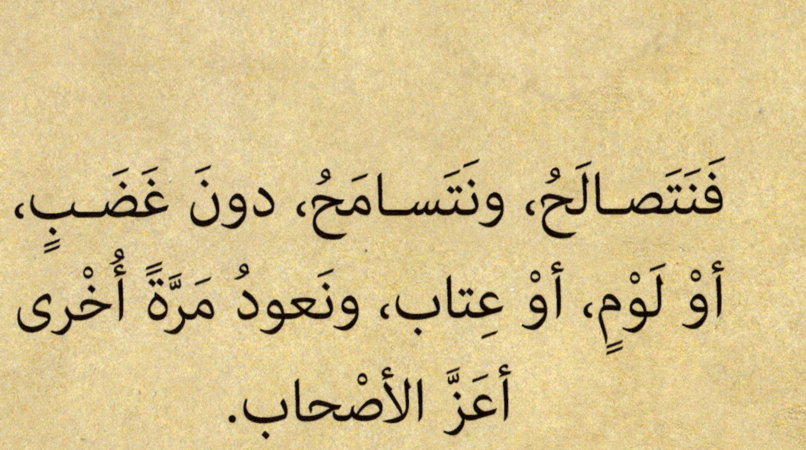

فَنَتَصالَحُ، ونَتَسامَحُ، دونَ غَضَبٍ،
أوْ لَوْمٍ، أوْ عِتابٍ، ونَعودُ مَرَّةً أُخْرى
أعَزَّ الأصْحاب.

أميرَةُ التَّسامُح